Titles

the white **BOOK**
Be creative

I0837733

the white **BOOK**
Be creative

the white **BOOK**
Be creative

the white **BOOK**
Be creative

the white **BOOK**
Be creative

the white **BOOK**
Be creative

the white **BOOK**
Be creative

the white **BOOK**
Be creative

the white **BOOK**
Be creative

the white **BOOK**
Be creative

the white **BOOK**
Be creative

the white **BOOK**
Be creative

the white **BOOK**
Be creative

the white **BOOK**
Be creative

the white **BOOK**
Be creative

www.ingramcontent.com/pod-product-compliance
Lightning Source LLC
Chambersburg PA
CBHW051455250726
48655CB00001B/424